HISTORIQUE
D'UNE
RÉVOCATION.

LETTRES DE M. RAMIN

Maire révoqué de Fleury-sur-Loire

A M. LE PRÉFET DE LA NIÈVRE

ET A M. LE MINISTRE DE L'INTÉRIEUR.

NEVERS,
IMPRIMERIE G. VALLIÈRE.
Place de la Halle et rue du Rempart.

1892

HISTORIQUE
D'UNE
RÉVOCATION.

LETTRES DE M. RAMIN

Maire révoqué de Fleury-sur-Loire

A M. LE PRÉFET DE LA NIÈVRE

ET A M. LE MINISTRE DE L'INTÉRIEUR.

NEVERS,
IMPRIMERIE G. VALLIÈRE.
Place de la Halle et rue du Rempart.

1892

Farchat, le 16 avril 1892.

MONSIEUR LE PRÉFET,

Vous voudrez bien permettre à la victime de l'une de vos erreurs administratives de vous offrir la dédicace de la petite brochure qui suit, à titre d'hommage.

P.-F. RAMIN.

A Monsieur le Préfet de la Nièvre.

Farchat, le 10 janvier 1892.

Monsieur le Préfet,

J'ai l'honneur de vous informer que, le 5 janvier courant, j'ai reçu du sieur Chaumier, président du conseil de fabrique de la commune de Fleury-sur-Loire et, de plus, mon adjoint, une lettre datée du 4, me disant que j'étais suspendu de mes fonctions par votre arrêté du 30 décembre (dont il ne m'a pas donné ampliation malgré ma demande) et qu'il prenait le service. Ce à quoi je ne me suis point opposé.

Maintenant, je lis dans un journal que je suis suspendu « pour avoir transmis à la préfecture, à diverses reprises, des extraits de délibérations du conseil municipal signés par moi pour copie conforme et sans que cette assemblée ait été appelée à délibérer ». *Là est l'erreur.*

Le conseil municipal a été convoqué

cinq fois et n'a pas voulu délibérer sans que je prenne à ma charge les réparations du presbytère, réparations qui ont été régulièrement faites et payées. Nous avons, m'ont dit le sieur Pouvesle et un ou deux de ses compagnons, porté une plainte contre vous à la préfecture, en juin, d'après laquelle vous êtes justiciable du conseil de préfecture.

Et de plus, tout par rapport au conseil est en blanc : pour les budgets, les délégués électoraux, les répartiteurs. Je n'ai occupé que la colonne *propositions du maire*. Tout étant en blanc, je n'ai donc rien certifié et je n'ai envoyé mes propositions que pour la régularité du service.

Maintenant, comment se fait-il que la liste des délégués électoraux, qui a été adressée en même temps et dans les mêmes conditions, soit revenue approuvée ?

Veuillez agréer, etc.

Signé : P.-F. RAMIN.

M. le Préfet a adressé à M. Ramin, à la date du 12 janvier, la réponse suivante :

Monsieur,

Par votre lettre du 10 courant, vous me demandez des explications au sujet de la mesure disciplinaire que j'ai cru devoir prendre contre vous, et vous me faites connaître que si les délibérations que vous m'avez transmises n'ont point été prises en séance du conseil, c'est parce que cette assemblée, convoquée cinq fois, n'a pas voulu se réunir. Je vous ferai tout d'abord remarquer, Monsieur, que votre conseil ne voulant pas se réunir sur votre convocation, pour des motifs que je n'ai pas à apprécier, il ne vous appartenait pas de le suppléer, et vous l'avez fait en nous adressant des copies de délibérations certifiées conformes au registre. Vous deviez, dans ce cas, informer l'administration supérieure de l'attitude prise par l'assemblée communale. En me laissant ignorer ces faits, vous avez manqué à votre devoir. Je devais croire, en effet, que toutes les délibérations adressées dans mes bureaux avaient été prises régulièrement, et c'est ainsi que celle concernant les délégués pour la révision de la liste électorale de votre commune a été approuvée.

Veuillez agréer, etc.

Le préfet de la Nièvre,
Signé : BRUMAN.

A Monsieur le Préfet de la Nièvre.

Farchat, 14 janvier 1892.

MONSIEUR LE PRÉFET,

J'ai l'honneur de vous accuser réception de votre lettre du 12 et de tout son contenu. Je n'ai à m'expliquer que sur les quatre mots (manqué à mon devoir). C'est me rappeler le vieux proverbe : « Il vaut mieux parler au bon Dieu qu'aux anges. » C'est encore une fois la vérité; mais je tiens à dire que le samedi 2 novembre 1891, la veille de l'ouverture de la session des conseils municipaux, je suis allé à la préfecture, que j'ai été reçu par M. le Secrétaire général, auquel j'ai remis les budgets, avec mes propositions, et en blanc par rapport au conseil municipal. Ce Monsieur, nouvellement arrivé, m'a bien dit n'être pas au courant et a fait appeler le chef de la deuxième division, M. Marceau, lequel m'a fait une longue *tirade* sur les réparations du presbytère. Je lui ai alors répondu : Mais donnez suite à la plainte des *conseillers;* quant à les convoquer, ils m'ont déclaré cinq fois que c'était inutile. Je n'ai donc rien à faire. J'espère, Monsieur le Préfet, que M. le Secrétaire général et M. le Chef de la deuxième division se rappellent ma démarche et son objet, et s'ils ne vous en ont point rendu compte, ce n'est pas ma faute. Quant à l'entre-parenthèse du deuxième alinéa de votre lettre, je dirai toujours que les copies que j'ai adressées à la préfecture ne contiennent que les propositions du maire et sont en *blanc* par rapport au conseil municipal. Je n'ai donc rien certifié autre chose, c'est-à-dire que le papier blanc était blanc.

Veuillez, etc.

Signé : P.-F. RAMIN.

Malgré que j'ai mis un timbre-poste, cette lettre est restée sans réponse.

A M. le Préfet de la Nièvre.

Farchat, 15 janvier 1892.

MONSIEUR LE PRÉFET,

Ma suspension m'oblige à vous déclarer : 1° que le sieur Pouvesle, septième conseiller municipal inscrit au tableau, a, sans délégation, délivré à Morin (Lazare) son extrait de naissance et celui du décès de son père, pour servir à son mariage, qui a été célébré à Decize le 14 novembre 1890 ; que ces deux actes, signés Pouvesle, premier conseiller municipal inscrit au tableau (pour le maire et l'adjoint absents), sont au greffe du tribunal civil de Nevers, où on peut vérifier l'exactitude de ma déclaration ;

2º Que le 18 ou 23 juin 1891 (je préciserais), à l'occasion de la levée du corps de Bouchardon, pendant que j'avais envoyé à Nevers prévenir la famille, en lui enjoignant de rapporter de la préfecture et du parquet un ordre de transfert, le sieur Chaumier, adjoint, de son propre motif était allé à Decize chercher les gendarmes et voulait le faire enterrer à Fleury : il s'est pourtant abstenu à la vue de vos ordres. Nous étions donc trois maires. Votre serviteur quand même,

P.-F. RAMIN.

Nota. — Il est vrai que le sieur Pouvesle est le délégué de la préfecture.

Lettre à M. le Ministre de l'intérieur.

Farchat, 26 janvier 1892.

Monsieur le Ministre de l'Intérieur,

J'ai l'honneur de vous accuser réception de la lettre que vous me faites remettre par M. le Préfet de la Nièvre, me disant que je suis révoqué de mes fonctions de maire de la commune de Fleury-sur-Loire : c'est la quatrième fois que mon nom fait l'objet d'un décret, et toujours la chancellerie m'a adressé un parchemin contre remboursement.

Il est vrai que le décret du 30 avril 1849, signé Ledru-Rollin, celui du 3 février 1854 et celui du 17 septembre 1870, signé Gambetta, étaient des promotions, tandis que celui du 14 janvier 1892 est une révocation ; mais je tiens quand même à faire encadrer ce parchemin à côté des autres ; vous me feriez le plus grand plaisir en me faisant expédier ce titre à mes frais. Veuillez, etc.

P.-F. RAMIN.

Nota. — Encore trois sous perdus, pas de réponse.

En publiant la première lettre de M. Ramin à M. le Préfet de la Nièvre, le *Journal de la Nièvre* l'a fait précéder des lignes suivantes :

Nous avons publié en janvier dernier un arrêté de M. le Préfet de la Nièvre suspendant de ses fonctions M. Ramin, maire de Fleury-sur-Loire.

Quelques jours après, un décret présidentiel révoquait l'honorable M. Ramin.

Comme conséquence de cette dernière mesure, les électeurs de Fleury-sur-Loire ont été appelés à compléter leur conseil municipal en vue de la nomination d'un nouveau maire.

Le premier tour de scrutin, qui a eu lieu dans le courant de février, n'ayant pas donné de résultat, un deuxième tour a été nécessaire. Enfin le conseil, dûment complété, a procédé à l'élection de son maire. — Nous avons fait connaître le résultat de cette opération : l'adjoint, M. Chaumier, a pris la place de M. Ramin et un conseiller a été élu adjoint.

L'honorable M. Ramin nous demande de rendre publique la lettre qu'il a adressée à M. le Préfet au lendemain de sa suspension et qui, suivant lui, doit le justifier auprès de ses électeurs. Nous lui donnons très-volontiers satisfaction.

La parole est laissée maintenant aux électeurs de Fleury-sur-Loire, qui sauront apprécier, au mois de mai prochain et en pleine connaissance de cause, la conduite de leur ancien maire.

De son côté, le *Courrier de l'Allier* a reproduit le récit du *Journal de la Nièvre*, en le faisant précéder de l'article ci-après :

L'honorable révoqué dont il est question dans le récit que nous empruntons au *Journal de la Nièvre* est M. Ramin, ancien fermier de M. de Barral, et qui habita longtemps l'Allier, à Marseigne. Si nous reproduisons l'incident, dans lequel le potentat de la Nièvre n'a pas eu le plus beau rôle, c'est à titre de sympathie pour notre excellent compatriote, qui a laissé dans les deux arrondissements de Lapalisse et de Moulins de solides amitiés et l'estime de tous ceux avec lesquels il a eu des relations quelconques.

En le mettant à la tête de la commune de Fleury-sur-Loire, ses nouveaux concitoyens du Nivernais ont montré qu'ils ont su apprécier M. Ramin à sa juste valeur. Aussi ne saurait-on mettre en doute sa réélection, malgré la sotte manœuvre électorale de M. Bruman.

ÉLECTEURS,

Ma profession de foi ne consiste qu'à vous rappeler qu'en huit années d'exercice, j'ai fait faire plus de bâtiments et de chemins que mes prédécesseurs en vingt ans, et cela sans augmentation d'impôts.

A vous de savoir si vous voulez retomber sous le gouvernement de gens qui n'ont pas un pouce de terrain dans la commune, qui doublent nos impôts sans que ça leur coûte un sou et qui, de plus, sont des serviteurs ; ils n'ont pas le droit d'être répartiteurs, ils ne peuvent pas non plus être conseillers municipaux à titre d'individus dispensés de subvenir aux charges municipales. (Art. 32 de la loi du 5 avril 1884, paragraphe 3.)

Votre serviteur,

P.-F. RAMIN.

Nevers, imp. G. Vallière.

www.ingramcontent.com/pod-product-compliance
Lightning Source LLC
Chambersburg PA
CBHW071449060426
42450CB00009BA/2356